Alexandra Hanneforth

Weihnachts-Werkstatt
für das 1. Schuljahr

Verlag an der Ruhr

Impressum

Titel
Die Weihnachts-Werkstatt für das 1. Schuljahr

Autorin und Illustratorin
Alexandra Hanneforth

Titelbildmotive
Mädchen: © Trina Morford – Fotolia.com
Tannenbaumkugeln: © Aqua – Fotolia.com

Verlag an der Ruhr
Mülheim an der Ruhr
www.verlagruhr.de

Geeignet für die Klasse 1

Unser Beitrag zum Umweltschutz:
Wir sind seit 2008 ein ÖKOPROFIT®-Betrieb und setzen uns damit aktiv für den Umweltschutz ein. Das ÖKOPROFIT®-Projekt unterstützt Betriebe dabei, die Umwelt durch nachhaltiges Wirtschaften zu entlasten. Unsere Produkte sind grundsätzlich auf chlorfrei gebleichtes und nach Umweltschutzstandards zertifiziertes Papier gedruckt.

Urheberrechtlicher Hinweis:
Das Werk und seine Teile sind urheberrechtlich geschützt. Jede Verwendung in anderen als den gesetzlich zugelassenen Fällen bedarf der vorherigen schriftlichen Einwilligung des Verlages. Im Werk vorhandene Kopiervorlagen dürfen vervielfältigt werden, allerdings nur für jeden Schüler der eigenen Klasse/des eigenen Kurses. Die dazu notwendigen Informationen (Buchtitel, Verlag und Autor) haben wir für Sie als Service bereits mit eingedruckt. Diese Angaben dürfen weder verändert noch entfernt werden. Die Weitergabe von Kopiervorlagen oder Kopien (auch von Ihnen veränderte) an Kollegen, Eltern oder Schüler anderer Klassen/Kurse ist nicht gestattet.
Bitte beachten Sie bzgl. digitaler Kopien die Informationen unter schulbuchkopie.de.
Der Verlag untersagt ausdrücklich das Herstellen von digitalen Kopien, das digitale Speichern und Zurverfügungstellen dieser Materialien in Netzwerken (das gilt auch für Intranets von Schulen und sonstigen Bildungseinrichtungen), per E-Mail, Internet oder sonstigen elektronischen Medien. Kein Verleih. Keine gewerbliche Nutzung.
Zuwiderhandlungen werden zivil- und strafrechtlich verfolgt.

© Verlag an der Ruhr 2012
ISBN 978-3-8346-2245-7

Printed in Germany

Inhaltsverzeichnis

Vorwort 4
Tipps zum Aufbau und Ablauf 5
Hinweise zu den einzelnen Angeboten 7

Piktogramme/Arbeitskarte 9
Werkstatt-Pass/Wallis Zeugnis 10

**Rahmengeschichte „Walli, die Weihnachtsmaus"
in 8 Episoden:**
☆ **Episode 1:** Wallis Zuhause 11
☆ **Episode 2:** Alles ist weiß 13
☆ **Episode 3:** Der wunderschöne Baum 15
☆ **Episode 4:** Ein besonderer Leckerbissen 17
☆ **Episode 5:** Walli bei den Menschen 19
☆ **Episode 6:** Versteck' dich, Walli! 21
☆ **Episode 7:** Bezaubernde Bilder 23
☆ **Episode 8:** Träum schön, kleine Maus! 25

☆ *Deutsch*
Wallis Kommode 27
Wallis Buchstabenwürfel 28
Wallis Lese-Malbuch 29

Wallis Klappwörter 32

☆ *Mathematik*
Mäuserennen 34
Walli in der Mitte 36
Walli in der Küche 37
Am Wald 38

☆ *Sachunterricht*
Walli, die Nussexpertin 39
Walli in Bewegung 40
Mäuse in anderen Ländern 41

☆ *Musik/Kunst*
Walli macht Musik 43
Walnuss-Walli 44
Wallis Weihnachtsglöckchen 45

☆ *Religion*
Walli an der Krippe 46
Walli erzählt die Weihnachtsgeschichte 47

Medientipps 48

Vorwort

Die Adventszeit in der Grundschule ist eine besondere Zeit. Voll Vorfreude und gespannter Ungeduld warten die Kinder auf das Weihnachtsfest, noch nicht, wie viele Erwachsene, durch Eile, hektische Vorbereitungen und zahlreiche Weihnachtsfeiern „gehetzt".

Umso wertvoller war es bisher für mich, mich von meinen Schülern* vom Adventszauber anstecken zu lassen, bewusst ein wenig Besinnlichkeit im Schulalltag zu schaffen und dies ohne das Gefühl, „wertvolle Lehrplanzeit zu verlieren". In diesem Sinn ist auch das vorliegende Material gedacht. Es soll Ihnen Gelegenheit zur weihnachtlichen Vorlesezeit bieten, Weihnachtsatmosphäre im Klassenzimmer schaffen, aber gleichzeitig die Kinder nach ihren ersten Schulmonaten passgenau weiter fördern und fordern. Darüber hinaus soll Ihnen diese Ideensammlung bei einer zügigen Unterrichtsvorbereitung behilflich sein und Ihnen fächerübergreifendes Material in weihnachtlichem Kontext an die Hand geben, damit Sie noch genügend Zeit haben, besinnliche Momente in der Adventszeit zu genießen.

Neben gemeinsamen Denk- und „Schau-genau-hin"-Aufgaben steht eine Werkstatt, die den Schülern freies Arbeiten ermöglicht. „Walli die Weihnachtsmaus" begegnet den Kindern in der Rahmengeschichte und in den Angeboten dieses Materials. Es wird gespielt, gelesen, ein optisches Phänomen entdeckt und vieles mehr. Aus einer Walnusshälfte – daher der Name! – kann sich jedes Kind eine eigene Weihnachtsmaus basteln. Wallis Lieblingsspeise (Nüsse) werden probiert, Tannenbäume gefaltet und ein Walli-Glöckchen als Geschenk für die (Groß-)Eltern hergestellt.

Das Material können Sie lehrwerksunabhängig in der Weihnachtszeit einsetzen. Wer es nicht in Werkstattform anbieten möchte, kann es auch fachspezifisch nutzen. Das Material ist so konzipiert, dass der Kopieraufwand gering bleibt und die Kinder statt vieler Arbeitsblätter Material „in die Hand" bekommen.

Im Bereich Deutsch beschränkt sich der Wortschatz auf wenige ausgewählte Weihnachtswörter und wiederholt sich in den einzelnen Angeboten, um den Bedürfnissen der Schulanfänger entgegenzukommen und einen gewissen Trainingseffekt zu erzielen.
Das Mathematikangebot können Sie parallel zum Mathematiklehrwerk nutzen, da es nicht in den aktuellen Mathematikunterricht eingreift oder besonderer Vorkenntnisse bedarf.

Zu guter Letzt habe ich Wert darauf gelegt, die Arbeitsanweisungen so knapp und bebildert wie möglich zu gestalten, um die Kinder zum selbstständigen Erlesen zu ermutigen.

Ich wünsche Ihnen mit Ihrer Klasse eine fröhliche, stressfreie und, wie gesagt, gleichzeitig lernintensive Adventszeit.

Alexandra Hanneforth

---

* Aus Gründen der besseren Lesbarkeit haben wir in diesem Buch durchgehend die männliche Form verwendet. Natürlich sind damit auch immer Frauen und Mädchen gemeint, also Lehrerinnen, Schülerinnen etc.

Die Weihnachts-Werkstatt   für das 1. Schuljahr

Tipps zum Aufbau und Ablauf

Rahmengeschichte in Episoden

Mit der episodenzergliederten Vorlesegeschichte können Sie in die Werkstattstunden **einführen** oder diese mit einer Phase des gemeinsamen Lernens **beenden**. Die kleinen **Rätsel und Denkaufgaben** im Anschluss an jede Episode lösen die Kinder im Klassenverband. Kopieren Sie das entsprechende Material hierfür auf Folie für den Overheadprojektor. Lassen Sie den Kindern genügend Zeit zum Nachdenken und Hinschauen. Um dem vorzeitigen „Reinrufen" flotter Schüler zu entgehen, lassen Sie sich die Lösungen zunächst einmal ins Ohr flüstern. Fordern Sie die Gruppe auch auf, Lösungsvorschläge zu begründen.

Werkstatt-Arbeit

Werkstatt-Arbeit heißt, den Kindern die Möglichkeit zu geben, aus einem bereitstehenden Aufgaben- und Materialangebot **selbstständig auszuwählen**, wann sie welche Aufgabe bearbeiten. Sie können eigene Lernschwerpunkte setzen und in gewissem Maße bevorzugte Sozialformen und Lernorte mitbestimmen. Für Sie als Lehrkraft bedeutet Werkstatt-Arbeit zwar eine arbeitsintensivere Vorbereitung, anschließend aber werden Sie mit mehr **Zeit zum Beobachten und Begleiten** der Schüler belohnt. In diesem Zusammenhang hat sich auch das **Chefsystem** bewährt, denn durch die Einteilung von „Experten-Kindern" für die verschiedenen Arbeitsangebote lernen die Kinder, sich gegenseitig zu helfen und diese Hilfe auch anzunehmen, statt sich automatisch an den erwachsenen Helfer zu wenden. Achten sie darauf, dass alle Kinder „Chef" bzw. „Experte" sein können. Da Werkstätten an die jeweilige Zusammensetzung der Gruppe, deren Vorerfahrungen mit freiem Arbeiten und dem Leistungsstand individuell angepasst werden sollten, ist der Werkstatt-Pass (S. 10) als **Blankovorlage** abgedruckt. Wählen Sie die Angebote und den Werkstattumfang, der für Ihre Klasse angemessen ist. Um ein Minimum an bearbeiteten Aufgaben zu gewährleisten, können Sie bestimmte Angebote als Pflichtaufgabe kennzeichnen. Differenzierungshinweise finden Sie auf den folgenden Seiten (vgl. Hinweise zu den einzelnen Angeboten S. 7/8).

Trainieren Sie von Anfang an bestimmte **„Verhaltensweisen"** während der Werkstatt-Arbeit. Dazu gehören das Zurücklegen der verwendeten Arbeitsmaterialien, rücksichtsvolle Arbeitslautstärke, das Beenden einer Aufgabe, bevor eine neue gewählt wird und, so weiter.

Möchten Sie Kindern und Eltern am Ende der Weihnachtswerkstatt eine **Rückmeldung** geben, können Sie dafür die Vorlage „Wallis Zeugnis" (S. 10) nutzen.
Allerdings sollten Sie den Kindern in diesem Fall die aufgeführten Bewertungskriterien (Arbeitstempo, Sorgfalt, Konzentration und Kooperation) im Vorfeld deutlich machen, um Ihnen die Chance zu geben, bewusst daran zu arbeiten.

Zum Werkstatt-Material

Die Materialien sind mit folgenden Hinweisen auf die **Sozialformen** gekennzeichnet:

Einzelarbeit

Partnerarbeit

Viele Angebote müssen Sie nicht für jedes Kind kopieren. Es genügt, diese je nach Gruppengröße, ein- oder zweimal für das Aufgabenfach vorzubereiten. Da immer wieder genutzt, empfiehlt es sich, Spiele und Karten zu laminieren oder auf Pappe zu kleben oder einzelne Arbeitsblätter als Folien für den OHP vorzubereiten.
Jedes Kind bekommt einen **Werkstatt-Pass** (S. 10), um bearbeitete Angebote kennzeichnen zu können. Die zusätzliche Lupenspalte macht deutlich, dass zur vollständigen Bearbeitung auch die abschließende (Selbst-)Kontrolle gehört. Nummerieren Sie die Angebote am besten durch, sodass im Werkstatt-Pass nur die Nummern unter „Aufgabe" vermerkt werden müssen.

Auf den Arbeitsblättern finden Sie die Aufgabenstellungen sowohl in Textform als auch in bildlicher Sprache. Hierdurch können Sie sicherstellen, dass auch leseschwächere Kinder die Aufgaben schnell erfassen können. Für diese Werkstatt habe ich folgende Piktogramme gewählt, die Sie mit den Kindern im Vorfeld besprechen sollten:

Tipps zum Aufbau und Ablauf

Und so stellen Sie die Arbeitskarten selbst her:
Auf der Seite 9 finden Sie entsprechende Piktogramme und eine Blankovorlage einer Arbeitskarte. Kopieren Sie beides mehrfach, je nach der Anzahl der Angebote, die Sie anbieten wollen. Betiteln Sie die Arbeitskarte passend zum Arbeitsblatt und kleben Sie die Piktogramme auf. Für eine gute Haltbarkeit können Sie die Arbeitskarten laminieren oder auf dickere Pappe kleben.

Beispiel für eine ausgefüllte **Arbeitskarte**:

Kleben Sie hier die passenden Piktogramme zum Arbeitsblatt auf.

In meiner Schulpraxis hat sich das Arbeiten mit **Arbeitskarten** bewährt. Die Arbeitskarten enthalten jeweils noch einmal die Aufgabenstellung des jeweiligen Arbeitsblattes. Wenn Sie die Arbeitsblätter in Ablagekörbchen bereitgestellt haben, können Sie die jeweilige Arbeitskarte gut sichtbar daran befestigen. Diese „Dopplung" der Aufgabenstellung ist gewollt, da es aus meiner Erfahrung die Kinder nicht irritiert. Vielmehr dient die Arbeitskarte zum Erfassen der Aufgabe bei der Aufgabenauswahl. Die Kinder nehmen sich das ausgewählte Arbeitsblatt, während die Arbeitskarte am jeweiligen Ablagekörbchen verbleibt.

Hinweise zu den einzelnen Angeboten

S. 27: Wallis Kommode

Material: Streichholzschachteln, Musterbeutelklammern, Wort- und Bildkarten

So geht's: Kleben Sie jeweils acht Streichholzschachteln zu einer „Kommode" zusammen. Als Griffe befestigen Sie Musterbeutelklammern. In die Schubladen kommen Bild- und/oder Wortkarten. Die Schüler sollen nun, nach Leistungsstand, Wörter, Sätze oder evtl. eine kurze Geschichte schreiben.

S. 28: Wallis Buchstabenwürfel

Material: Klebepunkte, Würfel, Wortkarten

So geht's: Schreiben Sie die Buchstaben e, l, a, n, k und i auf runde Klebepunkte, und kleben Sie diese auf einen Würfel. Schneiden Sie die Wortkarten aus. Passen Sie die Auswahl ggf. an den Leistungsstand an.

Variante für zwei gleich starke Leser: Es wird gewürfelt, und beide suchen gleichzeitig eine passende Karte. Wer eine findet, benennt das Wort und darf diese nehmen. Wer hat zuerst acht Karten gesammelt?

Variante für heterogene Paare: Es wird abwechselnd gewürfelt. Nur das Kind, das gewürfelt hat, darf eine Wortkarte suchen. Findet es keine, ist sein Mitspieler an der Reihe. Wer hat zuerst acht Karten gesammelt?

S. 29–31: Wallis Lese-Malbuch

Material: Schere, Tacker

So geht's: Schneiden Sie die Lese-Malbuchseiten entlang der gestrichelten Linien aus, und heften Sie die Seiten zu einem kleinen Buch zusammen. Dabei können Sie das Arbeitstempo und den individuellen Leistungsstand des Kindes berücksichtigen, indem Sie den Umfang bzw. die Aufgabenauswahl variieren.

S. 32/33: Wallis Klappwörter

Material: Spiralbinderücken, Wallis Klappwörter (ggf. auf DIN A3 groß kopiert)

So geht's: Schneiden Sie die Karten an den gestrichelten Linien in Silben aus. Heften Sie nun die ersten und zweiten Silben jeweils gemischt mit einer Spiralbindung an der oberen Kante zusammen.

Variante für schwächere Schüler: Nehmen Sie weniger Wörter. Markieren Sie zusammengehörende Karten mit einem Symbol, sodass die Kinder „nur" lesen müssen.

Variante für stärkere Schüler: Regen Sie die Kinder zu Überlegungen an, was die Quatschwörter bedeuten könnten. Lassen Sie erzählen oder aufschreiben.

S. 34/35: Mäuserennen

Material: halbierte Walnuss, Wollfäden, Papierohren, Würfel, Bildkarten, Spielfeld

So geht's: Bereiten Sie als Spielfiguren zwei Walnussmäuse vor (vgl. S. 44) und schneiden Sie die „Kekse" aus. Kopieren Sie das Spielfeld auf DIN A3. Sie benötigen einen Würfel.

S. 36: Walli in der Mitte

Material: Ziffernkarten

So geht's: Gewonnen hat das Kind, das seine Karten vollständig in der Zahlenreihe angelegt hat. Bei diesem Spiel ist es sinnvoll, zu Beginn der Werkstatt-Arbeit einige Schüler in die Spielregel einzuweisen, sodass sie zu Helfern werden können. **Variante für leistungsstarke Kinder:** Gestartet wird mit folgendem Kreuz: Die Kinder legen ihre Ziffernkarten nun in 2er-Schritten an.

S. 37: Walli in der Küche

Material: Bruchfeste Spiegel, z.B. Geometriespiegel

So geht's: Für dieses Arbeitsblatt sollten die Kinder bereits ein paar Erfahrungen im Bereich der Achsensymmetrie gesammelt haben. Zeichnen Sie ggf. die Spiegelachsen ein.

S. 38: Am Wald

Material: grünes Faltpapier (Postkartengröße), Deckweiß, Pinsel, Plakate, Klebstoff, Buntstifte

So geht's: Falten Sie zu Werkstattbeginn mit einigen Kindern gemeinsam, sodass diese zu Helfern werden können. Als zusätzliches Anschauungsmaterial können Sie auch ein Plakat herstellen, auf das Sie die einzelnen Faltschritte aufkleben. Diese Aufgabe ist als **Einzelarbeit** genauso geeignet wie als **Gemeinschaftsarbeit**: Gestalten Sie mit den Kindern zusammen ein Winterwald-Plakat. Lassen Sie die Kinder noch die Mausfamilie ergänzen.

Die Weihnachts-Werkstatt — für das 1. Schuljahr

Hinweise zu den einzelnen Angeboten

S. 39: Walli, die Nussexpertin

Material: Hasel- Wal-, Erd-, Para-, Kokos-, und Pecannüsse, Säckchen, Bildkarten

So geht's: Stecken Sie die sechs „Nusssorten" in einen Fühlsack. Die Kinder sollen sie je nach Bildkarte aus dem Fühlsack ertasten, ohne dabei hineinzuschauen. Stellen Sie zur Aufgabe auch ein paar Nüsse zum Probieren. Oder lassen Sie Ihre Schüler doch einmal selber Nüsse knacken. Aber Achtung! Viele Kinder reagieren allergisch auf Nüsse. Klären Sie eventuelle Allergien im Vorfeld ab! Hinweis: Obwohl es sich bei der Erdnuss, Pekannuss, Paranuss und bei der Kokosnuss nicht um Nusssorten im botanischen Sinne handelt, werden sie aufgrund des allgemeinen Sprachgebrauchs dennoch als solche kategorisiert.

S. 40: Walli in Bewegung

Material: Buntstifte, Schere, Mausbilder, Kleber, Schaschlikstäbe

So geht's: Die Kinder basteln einen einfachen Kinematografen. Durch schnelles Drehen des Stäbchens zwischen den Handflächen entsteht die Illusion einer Bewegung (vgl. Daumenkino). Beim Kleben der geknickten Bilder benötigen die Kinder Hilfe, da die Reihenfolge eingehalten werden muss.

S. 41/42: Mäuse in anderen Ländern

Material: 6 Spielfiguren, Kassettenrekorder, ggf. Kopfhörer, Kassette

So geht's: Sprechen Sie die Ländertexte vorab auf das Band. Die Kinder setzen bei dieser Aufgabe Spielfiguren auf die genannten Länder. Verweisen Sie darauf, dass die Kassette zwischendurch gestoppt werden kann, wenn die Ländernamen auf der Karte gelesen werden müssen. Zur Selbstkontrolle legen Sie am besten eine Karte bereit, auf der die genannten Länder eingefärbt sind. Nutzen Sie für leistungsstärkere Kinder die Illustration von der „Lucia-Maus". Stellen Sie **Forscheraufgaben** wie: In welchen Farben muss die schwedische Fahne angemalt werden? Warum trägt die schwedische Weihnachtsmaus einen Kerzenkranz? etc.

S. 43: Walli macht Musik

Material: Flöte, Glockenspiel, Klangstäbe, Holzblock, Tamburin, Triangel, Cabasa, Schellenrassel, Glocke

So geht's: Stellen Sie alle auf dem Arbeitsblatt abgebildeten Instrumente zur Verfügung, oder decken Sie nicht vorhandene vor dem Kopieren ab.

S. 44: Walnuss-Walli

Material: Walnuss-Hälften, Papier, Schere, Klebstoff, Wolle, schwarzer Filzstift

So geht's: Halbieren Sie genügend Walnüsse, und entfernen Sie den Kern. Kopieren Sie die Ohrenvorlage auf dem Arbeitsblatt in Klassenstärke.

S. 45: Wallis Weihnachtsglöckchen

Material: Tontöpfe, Buntstifte, Vorlage Walli in Klassenstärke kopiert, Pinsel, Kaseinfarben, Paketband, Streichhölzer

So geht's: Die Kinder stellen die Glöckchen nach Anweisung her. Achten Sie darauf, dass die Kinder die frisch angemalten Glöckchen gut antrocknen lassen, helfen Sie ggf. beim Verknoten des Fadens um das Streichholz.

Die Weihnachts-Werkstatt — für das 1. Schuljahr

Piktogramme

Material für Ihre Vorbereitung der Arbeitskarten (siehe Lehrerhinweis S. 6)

Arbeitskarte

Arbeitsblatt: _____

Werkstatt-Pass

von: _____

Aufgabe	fertig	🔍

Aufgabe	fertig	🔍

Wallis Zeugnis

für: _____

Du hast _____ von _____ Aufgaben geschafft.

So hast du gearbeitet:	👍	✊	👎
Sorgfalt			
Arbeitstempo			
Konzentration			
Kooperation			

Episode 1: **Wallis Zuhause** (1/2)

Walli war die kleinste Maus der Familie. Sie hatte vier Geschwister und wohnte hinter dem Blumenkübel auf der Terrasse des Waldhauses. Naja, das stimmt noch nicht so ganz. Denn eigentlich war es nicht hinter, sondern ganz dicht am Blumenkübel. Als die Tage kälter wurden, morgens dichter Nebel über den Boden zog und immer mehr Blätter von den hohen Buchen fielen, hatte die Menschenfrau eine dicke Luftpolsterfolie um den Blumentopf gewickelt, ihn in einen warmen Jutesack gesteckt und mit einem Band fest verschnürt, sodass oben nur noch das zierliche Apfelbäumchen herauslugte.

Und genau dort waren Mama und Papa Maus eingezogen. Sie hatten ein walnussgroßes Loch in den Sack genagt und die weiche, warme Luftpolsterfolie mit den Zähnen zu einem kuscheligen Nest zerbröselt. Hier zu wohnen, war sehr schlau von ihnen. Denn als wenig später die fünf winzigen Mäusebabys geboren wurden, war dies nicht nur ein warmes Plätzchen, nein, hier waren sie auch recht sicher vor all den großen Waldtieren, die für eine kleine Maus sehr gefährlich werden können. Das Beste war aber, dass ganz in der Nähe ein Vogelhaus hing, in das die kleineren Menschen lauter Leckereien legten. So gab es Sonnenblumenkerne, Nüsse und ab und an ein süßes Stück Apfel.

Aus den winzigen, nackten Mäusebabys wurden schon bald fünf Mäusekinder, die vergnügt miteinander spielten und sich immer häufiger neugierig aus dem Jutesack herauswagten. Walli war zwar die kleinste, aber sie war die mutigste von allen.
Und während Micki und Flo, Willi und Max lieber dicht am Nest blieben, wo sie jederzeit zurück durch das Loch im Jutesack huschen konnten, wagte sich Walli jeden Tag ein Stückchen weiter fort.

 Stellen Sie nach dem Vorlesen diese Rätselfrage:

Welches der Mäusekinder ist Walli?

★ Walli hat kein Mützchen auf dem Kopf.
★ Willi rennt gerade.
★ Micki hält etwas in der Hand.
★ Walli schaut nach vorn.
★ Wallis Schwanz ist länger als Mickis.

(Material S. 12)

Lösung:
Das ist Walli: ❹

Episode 1: **Wallis Zuhause** (2/2)

1
2
3
4
5

Episode 2: **Alles ist weiß** (1/2)

Eines Nachmittags, als es bereits anfing, zu dämmern, und Mama Maus, dicht gekuschelt neben Papa Maus döste, und die Geschwister Micki, Flo, Willi und Max satt und zufrieden in ihrem warmen Jutesack schlummerten, kribbelte es so sehr in Wallis Beinen, dass sie einfach für ein Weilchen nach draußen schlüpfen musste. Es war nämlich in den letzten Tagen so kalt geworden, dass die Mäusefamilie lieber zusammen im Nest geblieben war, um sich gegenseitig zu wärmen. Vorräte hatten sie ja genug gesammelt. Aber nun hielt es Walli einfach nicht mehr aus und steckte ihr Näschen in die frische Luft, um wenigstens eine winzig kleine Runde zu drehen. Doch was war das? Wie hatte sich die Welt verändert? Alles war weiß. Der Boden war mit einer weißglitzernden Schicht bedeckt. Auch das Hausdach, die großen Tannen, ja selbst die Äste ihres zierlichen Apfelbäumchens waren voll weißer „Deckchen". Ist das Zauberei?, schoss es Walli durch den Kopf. Vorsichtig schob sie ihre Vorderpfote ein Stück vor und berührte das Weiß. Brrr! War das kalt.
Noch ein Stückchen vor … und noch eins … Wie lustig das unter ihren Mäusefüßen knirschte. Und da! Wenn sie zurückschaute, konnte sie ja ihre Fußspuren sehen. Walli lief ein Stück geradeaus, bog dann ab, lief einmal im Kreis und betrachtete amüsiert das Wirrwarr, das ihre Schritte hinterließen. Gerade als sie beschloss, zurück zu den anderen zu laufen, um ihnen von dieser verwandelten Zauberwelt zu erzählen, bemerkte sie etwas, das sie noch mehr in den Bann schlug. Vom Himmel fielen ganz leicht und sacht hin und her tanzende Dinger. Erst waren es nur ein paar, aber dann wurden es immer mehr. Ob man sie auffangen konnte? Schnapp – schon hatte sie eine dieser weißen Flocken erwischt. Sie war tatsächlich federleicht. Doch bevor die neugierige Maus sie genau betrachten konnte, schrumpfte sie auf Wallis Pfote zu einem winzig kleinen Wassertropfen zusammen. „Na warte", sagte Walli und schnappte sich die Nächste. Aber auch diese verwandelte sich eins, zwei, drei in Wasser. Auch die Dritte und die Vierte und die Fünfte.
Immer ausgelassener hüpfte Walli mal hierhin und mal dorthin, bis ihr schließlich ganz warm ums Näschen wurde. Wie still es heute war! Als hätte das Weiß nicht nur den Boden und die Bäume, sondern auch alle Geräusche zugedeckt. Versonnen ließ Walli ihren Blick schweifen.

 Stellen Sie nach dem Vorlesen diese Rätselfrage:

Auf wie viele Bäume schaut Walli?

(Material S. 14)

 Lösung:

Diese Aufgabe ist nicht zu lösen, da es sich um eine optische Täuschung handelt. In Anlehnung an die so genannten Kapitänsaufgaben soll die gedankliche Flexibilität erhalten bleiben und den Kindern demonstriert werden, dass Aufgaben kritisch durchdacht werden sollten, es nicht immer eine bzw. die Lösung gibt.

Die Weihnachts-Werkstatt · für das 1. Schuljahr

Episode 2: **Alles ist weiß** (2/2)

Episode 3: **Der wunderschöne Baum** (1/2)

Als Walli immer noch ganz fasziniert auf all das Weiß schaute, entdeckte sie eine Tanne, die ihr vorher gar nicht aufgefallen war. Was war das für ein herrlicher Baum! Es war der schönste Baum, den sie in ihrem jungen Mäuseleben bisher gesehen hatte. Er hatte ganz viele dichte Äste. Er war nicht sehr groß, aber auch nicht mehr klein. Ganz gerade war er gewachsen und an der Spitze schaukelte ein glitzernder Stern im leichten Wind. Aber das herrlichste waren die hellen Lichter, die auf den Ästen der Tanne saßen und fast wie die Sterne am Himmel funkelten. Neugierig huschte Walli ein Stück näher. Die Lichter waren kleine Lampen, die auf runden Röhrchen steckten. Um diese Röhrchen hatte jemand rote Schleifen gebunden. Wie hübsch das aussah! Walli konnte sich gar nicht sattsehen. Wie gut, dass ich nach draußen geschlüpft bin, dachte sie, denn es wäre doch wirklich schade gewesen, wenn sie diesen wunderschönen, leuchtenden Baum nicht entdeckt hätte.

„Den muss ich den anderen zeigen", sagte sie halblaut zu sich selbst und drehte sich um, sodass sie wieder ihre Fußspuren in dem weißen Zeug sehen konnte. Erst jetzt bemerkte Walli, wie weit sie sich vom Waldhaus entfernt hatte. Dort hinten lag es, still und friedlich. Aber auch das Waldhaus hatte sich irgendwie verwandelt. Dass nun eine weiße Decke auf dem Dach lag, hatte sie ja schon vorhin gesehen, aber nun sah sie einen warm leuchtenden Lichterbogen im Küchenfenster, daneben einen braunen Holzelch, und vor der Haustür hing ein grüner Tannenkranz. Auch auf den Fensterbänken lagen frische Tannenzweige. Zusammengebunden mit dicken roten Schleifen. Und wenn Walli die Augen zusammenkniff, um ganz genau hinzuschauen, sah sie hier und dort glänzende Kugeln, die aus dem Grün hervorblitzten. Sollte sie sich das Ganze mal aus der Nähe ansehen?

 Stellen Sie nach dem Vorlesen diese Rätselfrage:

Wallis Weg zurück zum Haus ist ziemlich lang. An wie vielen kleinen Tannenbäumen kommt sie vorbei?

(Material S. 16)

Lösung:
7 Tannenbäume

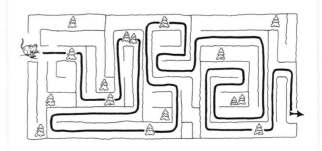

Die Weihnachts-Werkstatt für das 1. Schuljahr

Episode 3: **Der wunderschöne Baum** (2/2)

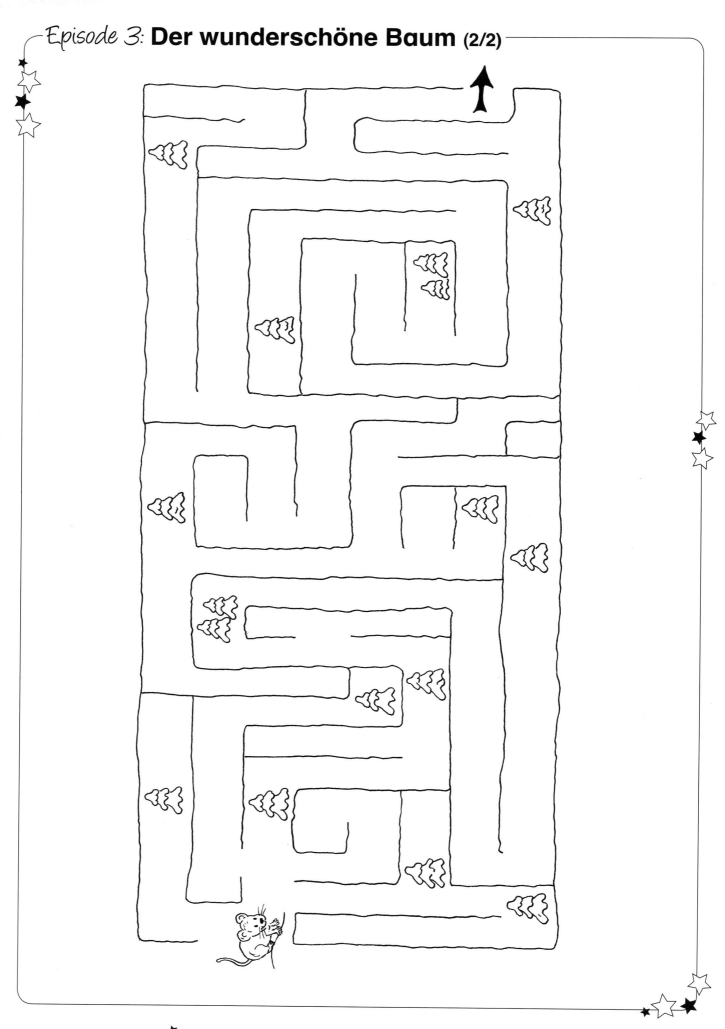

Episode 4: **Ein besonderer Leckerbissen** (1/2)

Durch das knirschende Weiß stapfte Walli zurück zum Waldhaus. Mittlerweile fielen die weißen Flocken nicht mehr vom Himmel, aber es war dunkler und auch etwas kälter geworden. Außer Wallis Schrittchen und einem einzelnen Glockenschlag der entfernten Dorfkirche war nichts zu hören. Sie erreichte die Terrasse und überlegte, ob sie kurz ins Mäusenest schlüpfen solle, um sich ein wenig aufzuwärmen. Ihre Pfoten waren ganz nass und die runden Ohren eiskalt. Aber da wehte ihr ein fantastischer Duft um die Nase. So verführerisch, dass sie die Kälte sofort vergaß. Herrlich süß roch es. Nach Vanille und Honig. Walli wusste, woher dieser Duft kam. Schon oft hatte sie sich auf die Fensterbank des Küchenfensters gehockt, wenn die Menschenfrau kochte. Da schaute sie dann heimlich zu und träumte von Käsebroten, Speckwürfelchen und saftigem Obst.

Und richtig. Auch heute kam der wunderbare Duft aus der Küche. Wie gut, dass auf der Fensterbank nun Tannenzweige lagen. So konnte sie sich viel besser verbergen. Neugierig spähte Walli durch die Scheibe. Auf dem Tisch lag ein kariertes Deckchen, und darauf stand ein Tannenkranz mit vier roten, runden Stäben, die wie die Lämpchen an dem Tannenbaum draußen leuchteten. Aber das Licht war wärmer und flackerte. „Gemütlich!", dachte Walli.

Die Küche war leer. Von den Menschen war nichts zu sehen. Aber dafür entdeckte Walli im Regal etwas, das ihrem Mäuseherz einen kleinen Hüpfer versetzte. Dort stand eine Schüssel, randvoll mit Nüssen. Walli liebte Nüsse. Am liebsten die Walnüsse. Aber natürlich gab es die nur sehr selten für eine ganz gewöhnliche Maus. Um genau zu sein, hatte Walli erst ein einziges Mal eine Walnuss gegessen. Aber die schmeckte so gut, dass Walli sich nichts Besseres vorstellen konnte. Ich muss da 'rein!, schoss es Walli durch den Kopf.

 Stellen Sie nach dem Vorlesen diese Rätselfrage:

Walli klettert am Küchenfenster entlang. Könnt ihr ihre Wege im Kopf verfolgen?
Auf welchen Buchstaben macht sie kurze Pausen?

(Material S. 18)

So geht es:
Stellen Sie eine Walnussmaus (vgl. S. 44) her. Diese Übung ist ein wenig Kopfgeometrie. Setzen Sie die Walnussmaus auf einen beliebigen Ausgangspunkt, und beschreiben Sie dann Wege, ohne die Maus zu versetzen. Beispiel (Walli steht auf A): „Walli krabbelt zwei nach rechts, dann einen nach oben, einen nach links und dann noch einmal einen nach oben. Wo landet sie?" Lösung: „H". Nachdem Sie das ein paar Durchgänge gemacht haben, können Sie auch die Schüler Wege beschreiben lassen.

Episode 4: **Ein besonderer Leckerbissen** (2/2)

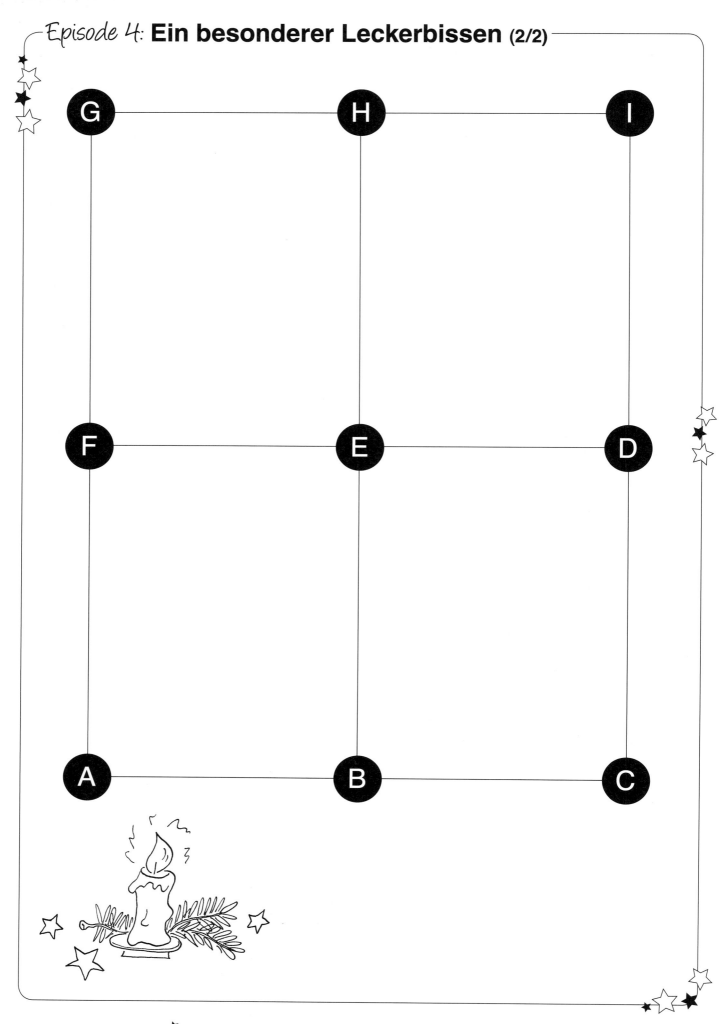

Episode 5: **Walli bei den Menschen** (1/2)

Walli kletterte an den Sprossen des Küchenfensters hoch und konnte ihr Glück kaum fassen. Es war gekippt und für eine so kleine Maus war es natürlich kein Problem, unbemerkt in die Küche zu huschen. Aber sollte sie es wirklich wagen?
Sicher, sie liebte Walnüsse über alles, aber ein wenig mulmig wurde ihr nun doch. Mama und Papa Maus hatten ihre Mäusekinder ja oft genug gewarnt, den Menschen nicht zu nahe zu kommen und sich vor ihnen in Acht zu nehmen.

Aber wie wir wissen, war Walli eine sehr mutige Maus und so fasste sie sich ein Herz und schlüpfte ins Haus. Es war ganz einfach, an den bedruckten Küchenvorhängen hinabzuklettern, von dort auf den Schrank zu springen und über den Tisch bis zum Regal zu gelangen. Und da stand sie nun. Eine ganze Schale – voll mit Nüssen. Walli streckte ihr Näschen noch einmal aufmerksam in alle Richtungen und biss dann herzhaft mal in die eine, dann in die andere Nuss. Herrlich!

Es war gut, dass sie allmählich so satt wurde, dass sie nur noch hin und wieder ein wenig an einer Nuss nagte, denn sonst hätte sie die Schritte vielleicht überhört, die der Küche immer näher kamen. Walli hatte gerade noch genügend Zeit, sich hinter einer bunten Keksdose zu verstecken, die ganz hinten im Regal stand, als die Tür aufging und die Menschenfrau in die Küche trat. Walli hörte ein Klappern und dann ein Quietschen. Ein warmer Luftzug strich durch den Raum, und der verlockende Duft, der schon die ganze Zeit in der Küche hing, wurde noch ein wenig stärker.
Ganz vorsichtig lugte Walli hinter der Dose hervor. Was machte die Menschenfrau dort?
Sie schüttete gerade köstlich duftende Figuren auf einen Teller. Dann tauchte sie einige der Figuren in Schokolade, andere belegte sie mit Mandeln und Nüssen. Ab und zu steckte sie eine der Figuren in den Mund oder kaute genüsslich daran herum.
Tja, und dann machte sie etwas, das Walli einen Riesenschreck versetzte. Sie schloss das Fenster und verließ die Küche. Wie sollte Walli nun wieder nach draußen gelangen?

Stellen Sie nach dem Vorlesen diese Rätselfrage:

**Die Figuren auf dem Teller waren natürlich Kekse.
Wie viele sind es von jeder Sorte?**

(Material S. 20)

Lösung:
- ★ 6 Sterne
- ★ 4 Herzen
- ★ 5 runde Kekse

Die Weihnachts-Werkstatt für das 1. Schuljahr

Episode 5: Walli bei den Menschen (2/2)

Episode 6: **Versteck' dich Walli!** (1/2)

Walli schaute sich um. Nein, aus der Küche führte nun kein Weg mehr hinaus. Also kletterte Walli von Regalbrett zu Regalbrett hinab, gelangte auf den Fußboden und huschte entlang der Fußleiste durch den schmalen Spalt der geöffneten Küchentür. Walli lauschte. Waren die Menschen in der Nähe? Aber außer dem Ticken einer Uhr war nichts zu hören. Es war dunkel in diesem Raum. Nur ein dünner Lichtstrahl kroch unter dem Spalt einer weiteren Tür hervor. Er war gerade so hell, dass Walli mehrere Päckchen erkennen konnte, die mit hübschen glitzernden Schleifen neben einem halbhohen Schrank standen. Auf einem Päckchen lag ein goldenes Glöckchen. Es glänzte so sehr, dass sich Walli darin spiegelte. Übermütig schnitt Walli Grimassen und musste über ihr eigenes Spiegelbild kichern.
Die Päckchen waren wirklich sehr schön. Auf dem Papier waren Sterne und Herzen. Zwischen die Bänder eines der Päckchen hatte jemand einen kleinen Holzengel gesteckt, und auf dem größten Päckchen lag ein frischer Tannenzweig. Was mochte wohl in den Päckchen sein? Ob sie mal ein winzig kleines Loch hineinnagen sollte, um hineinlugen zu können? Während Walli noch überlegte, wurde die Tür aufgestoßen, und das Menschenkind kam hinein. Erschrocken blinzelte Walli die plötzliche Helligkeit aus den Augen. Sie sprang blitzschnell, mit einem einzigen Satz, in einen roten Stiefel mit weißem Pelzrand, der ihr bisher gar nicht aufgefallen war. Aber welch ein Pech! Genau diesen Stiefel hob das Menschenkind nun an und lief mit ihm in ein anderes Zimmer. Walli bekam einen solchen Schreck, dass sie sich ganz klein in der aller-, allervordersten Stiefelspitze zusammenkauerte. Gut roch es hier drin. Gar nicht so, wie in den anderen Schuhen, die manchmal draußen vor der Terrassentür gestanden hatten. Hier roch es eher nach Schokolade. Und war da nicht auch ein feiner Marzipanduft? Mit einem Rumms wurde der Stiefel auf einem Tisch abgestellt. Walli hörte ein Rascheln und Klappern, dann die Tür und danach nichts mehr. War sie wieder allein? Die Maus spitzte ihre Ohren und lauschte. Erst nach einer ganzen Weile fasste sie den Mut, wieder hervor zu krabbeln und ihr Näschen über den Stiefelrand zu schieben. Ja, sie war allein im Raum und blickte direkt auf ein Bild.

Stellen Sie nach dem Vorlesen diese Rätselfrage:

Schaut euch das Bild einmal genau an. Entdeckt ihr das Tier, das sich hier versteckt hat?

(Material S. 22)

Lösung:

Die Weihnachts-Werkstatt — für das 1. Schuljahr

Episode 6: **Versteck' dich Walli! (2/2)**

Episode 7: **Bezaubernde Bilder** (1/2)

Das Tier war nicht die einzige Merkwürdigkeit auf diesem Bild. Als Walli genau hinsah, entdeckte sie die vielen Türchen. Ein paar waren leicht geöffnet, andere schienen noch fest verschlossen. Neugierig schob Walli eines dieser Türchen mit der Pfote ein Stück weiter auf, sodass sie hineinschauen konnte. Ein intensiver Schokoladengeruch stieg ihr in die Nase, und dort klebten auch noch ein paar Krümelchen der Süßigkeit. Mmhh! Lecker! Schnell steckte sich Walli die Schokoladenkrümel in den Mund und betrachtete dann interessiert das bunte Bild, das sich hinter dem Türchen verborgen hatte.

Ein Mensch war dort abgebildet. Genauer gesagt ein Mann. Aber nicht so einer wie der, der hier im Waldhaus wohnte. Nein, dieser hier sah ganz anders aus. Im Gesicht hatte er einen dicken, weißen Bart, und auf dem Kopf trug er eine rote Mütze mit weißem Pelzkragen. Er hatte lustige rote Wangen und einen genau zur Mütze passenden Mantel an, unter dem ein Paar schwarze Stiefel hervorschauten. Freundlich sah er aus.

Waren hinter den anderen Türchen auch solche Männer? Vorsichtig öffnete Walli nun eine Tür nach der anderen und schaute erfreut auf die schönen Bildchen. Was es hier alles gab! Ein Rentier mit einer knallroten Nase, ein Schaukelpferd, eine bunte Trommel, die so hübsch aussah, dass Walli sie am liebsten einmal ausprobiert hätte. Es gab aber auch ein paar Dinge, von denen Walli gar nicht wusste, was es war. Zum Beispiel ein Mann, der nur aus drei weißen Kugeln bestand, einen schwarzen Hut trug und statt einer Nase eine Möhre im Gesicht hatte.

Stellen Sie nach dem Vorlesen diese Rätselfrage:

Hier seht ihr zwei Fotos von Walli in dem Zimmer.
Findet ihr heraus, welches zuerst aufgenommen wurde?

(Material S. 24)

Lösung:
Zuerst wurde das rechte Foto aufgenommen, da die Kerze dort noch nicht so weit heruntergebrannt ist.

Die Weihnachts-Werkstatt — für das 1. Schuljahr

Episode 7: Bezaubernde Bilder (2/2)

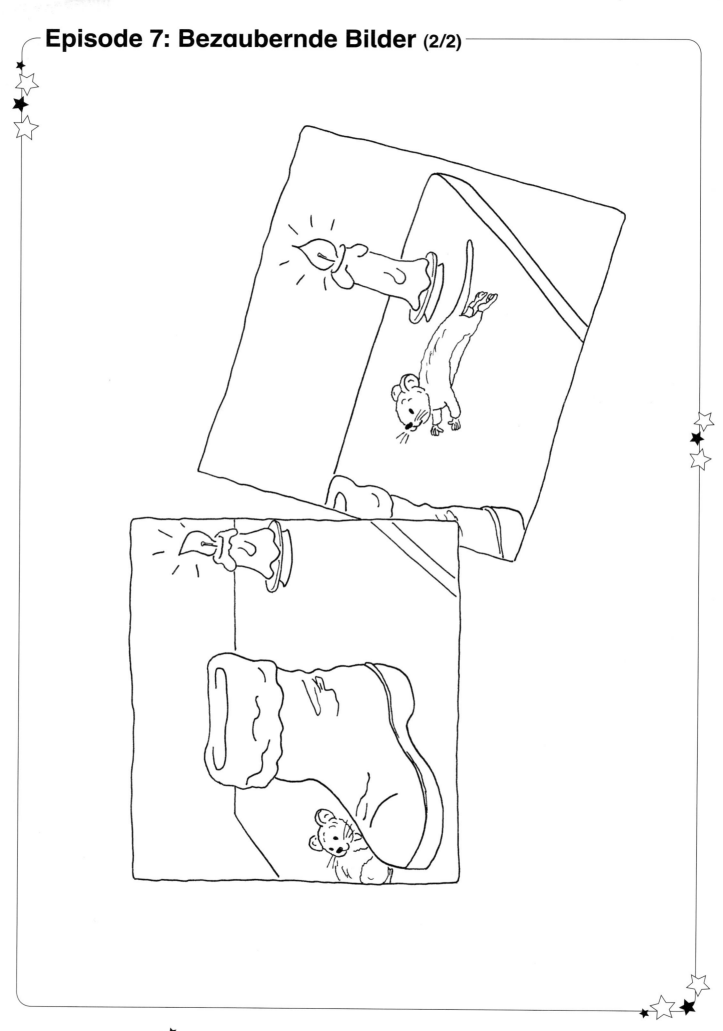

Episode 8: **Träum schön, kleine Maus!** (1/2)

Nachdem Walli eine ganze Weile bei diesem merkwürdigen Bild mit den vielen Türchen gestanden hatte, trippelte sie ein paar Schrittchen zurück und schaute aus dem Fenster. Mittlerweile war es draußen ganz dunkel geworden. Am schwarzen Himmel funkelten viele Sterne, und vereinzelt schwebten wieder ein paar dieser weißen Flocken durch die Luft. Ein seltsamer Tag!, dachte Walli und merkte auf einmal, dass sie ziemlich müde wurde. Sehnsüchtig dachte sie an das kuschelige Mäusenest, draußen am Blumentopf auf der Terrasse. Sie dachte an Mama und Papa Maus und an ihre Geschwister Micki, Flo, Willi und Max. Ob sie mich schon vermissen?, fragte sich Walli. Mama machte sich sicher Sorgen. Das tat sie immer, wenn Walli zu weit vom schützenden Jutesack fortlief. Was könnte sie ihnen nun alles erzählen!

Auf einmal musste Walli tief seufzen. Würde es ihr gelingen, wieder aus dem Waldhaus herauszukommen? „Ich werde erst mal ein Weilchen schlafen", sagte sie zu sich selbst, um sich ein wenig Mut zu machen. Aber wo sollte sie schlafen? Wo gab es einen sicheren Platz, an dem sie nicht entdeckt werden würde? Suchend blickte sie sich um. Vielleicht hinter der Spieluhr? Oder lieber zwischen den Tannenzweigen, die auch hier mit einem dieser roten Wachslichter in der Mitte auf der Fensterbank lagen? Nein, lieber nicht. Das flackernde Licht war doch etwas warm und machte Walli ein ganz klitzekleines bisschen Angst. Am besten schlüpfe ich wieder in den roten Stiefel, dachte Walli. Und während sie ganz vorn in der Stiefelspitze darüber nachgrübelte, weshalb das Menschenkind nur einen Stiefel geholt hatte, während es doch sonst von allen Schuhen zwei Stück gab, fielen ihr erschöpft die winzigen Mäuseäuglein zu.

Walli merkte nicht, als das Menschenkind zurückkam. Sie merkte auch nicht, dass der Stiefel sacht angehoben und aus dem Zimmer getragen wurde. Sie erwachte nicht einmal, als das Kind die Terrassentür öffnete und den Stiefel auf die Fußmatte neben dem Blumenkübel mit dem Apfelbäumchen stellte.
Da stand der einzelne Stiefel nun. Über ihm funkelten die Sterne, und in ihm schlummerte eine kleine Weihnachtsmaus, die von vielen merkwürdigen Dingen träumte.

Episode 8: **Träum schön, kleine Maus!** (2/2)

 Stellen Sie nach dem Vorlesen diese Denkaufgabe:

Habt ihr bei Wallis ganzer Geschichte ganz genau zugehört? Testet euch doch einmal selbst. Steht bei den Wörtern (s.u.) auf, die in der Geschichte vorkamen und bleibt bei denen sitzen, die ihr nicht gehört habt.

 Lösung:

Wort	Aufstehen	Episode
Apfelbäumchen	ja	1, 2, 8
Willi	ja	1, 2, 8
Vogelhaus	ja	1
Schnee	nein	–
Tanne	ja	2, 3
Erdnuss	nein	–
Schokolade	ja	5, 6, 7
Küchenfenster	ja	3, 4, 5
Regal	ja	4, 5, 6
Plätzchen	nein	–
Kerze	nein	–
Päckchen	ja	6
Adventskalender	nein	–
Rentier	ja	7
Waldhaus	ja	1, 3, 4, 7, 8
Schneemann	nein	–
Nikolausstiefel	nein	–
Stern	ja	3, 6, 8

Hinweis:

Hier kommt es darauf an, dass die Kinder genau überlegen, ob das Wort „tatsächlich" in der Geschichte vorkam. So wird z.B. der Schnee in Episode 2 beschrieben, aber Walli kann ihn nicht benennen. Erscheint Ihnen diese Aufgabe zu komplex, können Sie alternativ auch ganz andere Wörter nennen oder auf die folgenden Rätselaufgaben zurückgreifen:

 Rätselaufgaben:

1. **Überlegt, an welchem Datum Walli all die merkwürdigen Dinge erlebt.**
2. **Stellt euch gemeinsam vor, was Walli am 24. Dezember beobachten könnte.**

 Lösung zur Aufgabe 1:

Es ist der 5. Dezember, der Abend, an dem die Kinder ihre Nikolausstiefel vor die Tür stellen.

Die Weihnachts-Werkstatt   für das 1. Schuljahr

Wallis Kommode

1. Nimm die Kommode.

2. Öffne sechs Schubladen.

3. Schreibe zu diesen Wörtern.

Material für Ihre Vorbereitung zu „Wallis Kommode" (siehe Lehrerhinweis S. 7)

Tanne	Engel	Kerze	Stern
Keks	Glocke	Geschenk	Kugel

   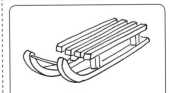

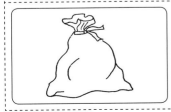   

Wallis Buchstabenwürfel

1. Verteilt die Karten auf dem Tisch.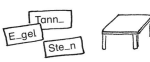

2. Würfelt abwechselnd.

3. Findet eine Karte, die passt. T_nne

Material für Ihre Vorbereitung zu „Wallis Buchstabenwürfel" (siehe Lehrerhinweis S. 7)

N__kolaus	E__gel	Kr__ppe
Adv__nt	Gloc__e	Kuge__
T__nne	Sch__tten	Sch__ee
Adventskr__nz	Re__tier	Tann__
Ster__	K__ks	Es__l
Ke__s	W__lli	__ngel
St__efel	K__rze	Wall__
Geschen__	Glock__	Kug__l

Vorlage Lese-Malbuch (1/3)

Wallis Lese-Malbuch

von: _____

Male Wallis Kugeln weiter.

Male an.

Walli – braun Geschenk – blau
Glocke – gelb Stern – gelb
Tanne – grün Keks – braun

Male, was fehlt.

Walli
Engel
Tanne
Kerze
Stiefel
Keks

Vorlage Lese-Malbuch (2/3)

Male die Anlaute an.

W A D G

K E S T

Lies und male an.

Adventskranz
Nikolaus
Weihnachtsbaum
Rentier

Lies und male.

Walli und Willi. Die Kerze ist rot.
Sie brennt.
Am Baum sind zwei Kugeln.
Oben ist ein Stern.

Schreibe.

_____   _____

| Weihnachts- |

_____   _____

_____

Vorlage Lese-Malbuch (3/3)

Lies und verbinde.

Wunsch	markt
Advents	zettel
Weihnachts	haus
Knusper	kranz

Lies und kreuze an.

- ☐ Tannenbaum
- ☐ Baumkuchen

- ☐ Weihnachtsmann
- ☐ Weihnachtsfrau

- ☐ Geschenk
- ☐ Paket

- ☐ Lebkuchen
- ☐ Kekse

- ☐ Weihnachtsmarkt
- ☐ Weihnachtsmaus

Male die Bilder.

- Eine graue Maus.
- Eine grüne Tanne.
- Ein roter Stiefel.
- Eine goldene Glocke.

Lies und kreuze an.

Walli ist eine …
- ☐ Haus.
- ☐ Maus.

Walli liebt …
- ☐ Walnüsse.
- ☐ Walfische.

Vom Himmel fallen weiße …
- ☐ Flecken.
- ☐ Flocken.

Walli huscht ins …
- ☐ Waldhaus.
- ☐ Waldmaus.

Die Weihnachts-Werkstatt — für das 1. Schuljahr

Wallis Klappwörter (1/2)

Material für Ihre Vorbereitung zu „Wallis Klappwörter" (siehe Lehrerhinweis S. 7)

1. Silbe	2. Silbe	1. Silbe	2. Silbe
Tan	ne	Wal	li
Glo	cke	En	gel
Ku	gel	Ad	vent
Ker	ze	Stie	fel
Pa	ket	Kek	se
Schlit	ten	Wal	nuss

Die Weihnachts-Werkstatt — für das 1. Schuljahr

Wallis Klappwörter (2/2)

Welche Wörter findest du?

1. Schreibe auf.

_____   _____

_____   _____

_____   _____

_____   _____

_____   _____

Welches Wort geht nicht?

2. Kreuze an.

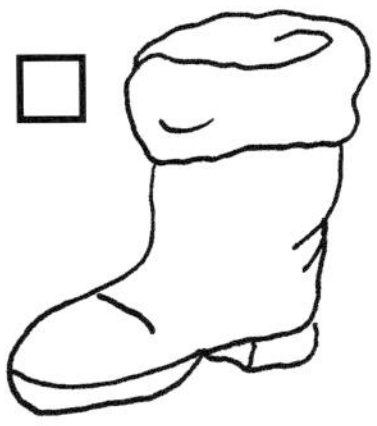

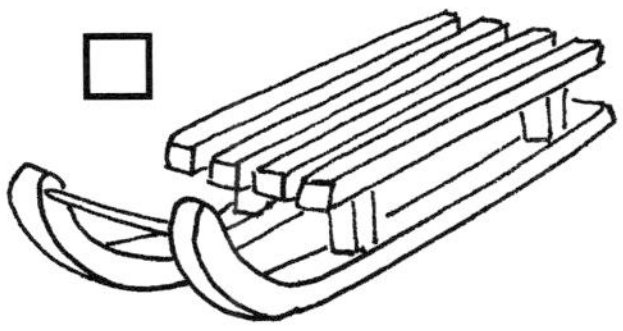

Mäuserennen (1/2)

**Walli und Willi stibitzen Weihnachtskekse.
Wer schafft es, mehr einzusammeln?**

1. Stellt eure Mäuse auf das Mäuseloch.

2. Würfelt abwechselnd.

3. Setzt vor oder zurück.

4. Ist die Maus auf der Dose,

   bekommt sie einen Keks

   und startet wieder beim Mäuseloch.

Material für Ihre Vorbereitung zu „Mäuserennen" (siehe Lehrerhinweis S. 7)

  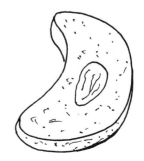

Mäuserennen (2/2)

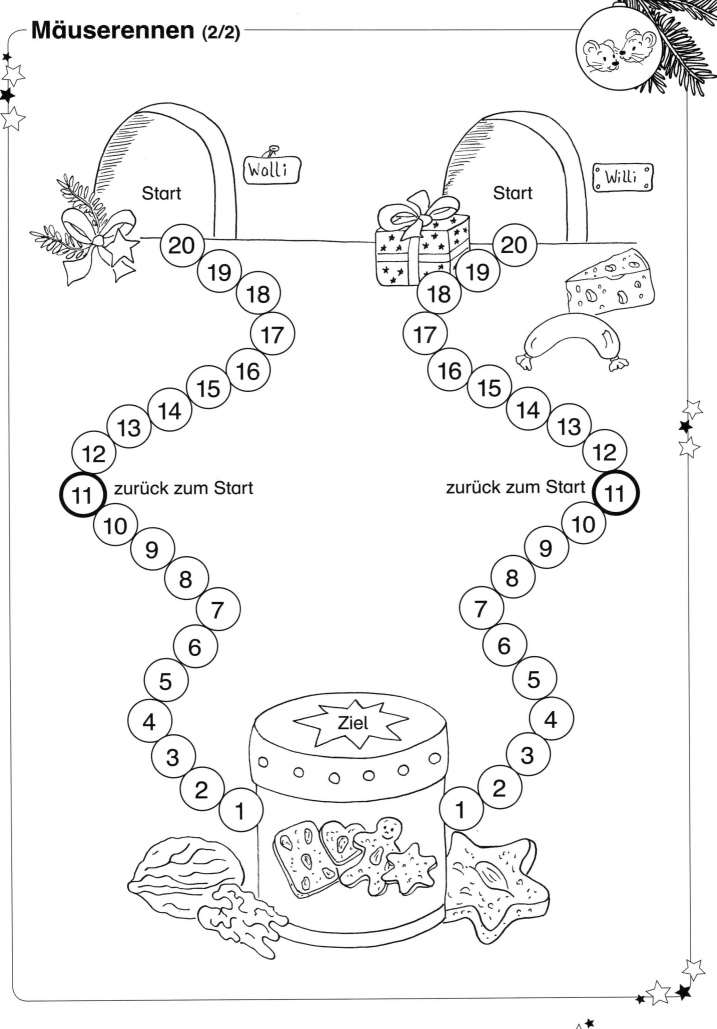

Walli in der Mitte

1. Legt Karte 10 in die Mitte.

2. Mischt die Karten, und teilt sie auf.

3. Legt sie vor euch auf einen Stapel.

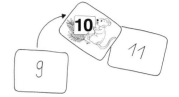

4. Legt abwechselnd an, wenn die Karte passt.

5. Passt sie nicht, schiebt sie unter den Stapel.

6. Ihr dürft auch mehrere Karten anlegen!

Material für Ihre Vorbereitung zu „Walli in der Mitte" (siehe Lehrerhinweis S. 7)

1	2	3	4	5
6	7	8	9	10
11	12	13	14	15
16	17	18	19	

Walli in der Küche

Nimm einen Spiegel.

1. Mache die Kekse mit dem Spiegel wieder ganz.

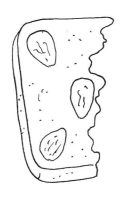   

2. Stelle den Spiegel so, dass du 5 Nüsse siehst.

3. Geht das? Halte den Spiegel so, dass du …

	geht	geht nicht
… 1 Nuss siehst.	☐	☐
… 6 Nüsse siehst.	☐	☐
… 8 Nüsse siehst.	☐	☐
… 10 Nüsse siehst.	☐	☐
… 11 Nüsse siehst.	☐	☐

Am Wald

1. Falte eine Tanne.

2. Klebe sie auf.

     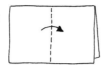   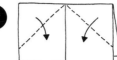

Walli, die Nussexpertin

Walli liebt Nüsse. Du auch? Kennst du dich aus?

1. Nimm eine Karte.

2. Lies und schau sie an.

3. Fasse in den Sack.

4. Hole die richtige Nuss heraus.

5. Mache dies mit allen Karten.

Material für Ihre Vorbereitung zu „Walli, die Nussexpertin" (siehe Lehrerhinweis S. 8)

Haselnuss	Walnuss	Erdnuss
		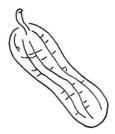
klein und glatt	eiförmig mit Rillen	länglich mit Rillen
Paranuss	Kokosnuss	Pekannuss

eckig mit Kanten	groß und faserig	eiförmig und glatt

Walli in Bewegung

1. Male die Bilder an.

2. Schneide sie aus.

3. Knicke sie in der Mitte.

4. Klebe die Bilder so zusammen:

5. Stecke einen Stab in die Mitte.

6. Drehe den Stab schnell zwischen den Händen.

Mäuse in anderen Ländern (1/2)

Mäuse gibt es fast überall auf der Welt.
Nun erzählen Wallis Artgenossen.

1. Höre die Kassette.

2. Setze die Spielfiguren auf die Länder, die du hörst.

Mäuse in anderen Ländern (2/2)

Sprechen Sie diese Texte auf Band.

1 Hallo! My name is Bob. Willst du wissen, wie „Frohe Weihnachten" in **England** heißt? „Merry Christmas". Die englischen Kinder befestigen Strümpfe an ihren Bettpfosten, in die „Father Christmas" in der Nacht zum ersten Weihnachtstag die Geschenke steckt.

2 Wallis Freund aus **Russland** erzählt: Anders als bei euch feiert man das Weihnachtsfest in Russland am 7. Januar. Die Kinder hängen Weihnachtsstrümpfe auf. Die Weihnachtsgeschenke bringt „Väterchen Frost", zusammen mit dem Schneemädchen „Snegurotschka" in der Neujahrsnacht.

3 Luigi aus **Italien** erzählt: „Frohe Weihnachten" heißt hier „Buon Natale". In Italien bekommen die Kinder ihre Geschenke nicht alle am gleichen Tag. Je nachdem, wo sie wohnen, werden sie am 13. Dezember von der Heiligen Lucia beschenkt, bekommen ihre Geschenke am 24. Dezember vom Christkind oder müssen bis zum 6. Januar auf die liebe Hexe „Befana" warten.

4 Hej, ich heiße Lasse. Ich lebe in **Schweden**. Bei uns heißt Weihnachten „Jul", und die Weihnachtsgeschenke bekommen die schwedischen Kinder vom Weihnachtswichtel „Jul-tomte". Am Heiligen Abend singen die Familien Weihnachtslieder und tanzen gemeinsam um den Christbaum.

5 „Feliz Navidad" heißt „Frohe Weihnachten" in **Spanien**. Die spanischen Kinder werden richtig verwöhnt. Sie bekommen nämlich am 24. Dezember und am 6. Januar Geschenke. Weil in Spanien nicht so viele Tannen wachsen, schmücken viele Spanier Palmen mit Lichtern.

6 Maus Kemal wohnt in der **Türkei**. Er ist zwar genauso neugierig und mutig wie unsere Walli, aber eine Weihnachtsmaus ist er nicht. Die meisten Menschen in der Türkei sind nämlich keine Christen, sondern Moslems. Weihnachten ist dort deshalb kein Feiertag. Dafür gibt es in der Türkei aber andere schöne Feste.

Walli macht Musik

1. Probiert die Instrumente aus.

2. Was passt für euch zusammen?

3. Verbindet.

4. Überlegt, warum.

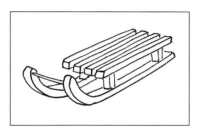

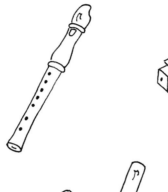

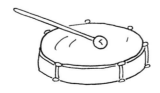

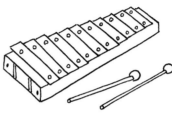
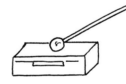

Walnuss-Walli

1. Nimm eine Nuss.

2. Schneide die Ohren aus.

3. Klebe den Schwanz aus Wolle an.

4. Male Nase und Augen auf.

5. Male die Barthaare auf.

Vorlage Ohren

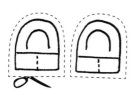

Wallis Weihnachtsglöckchen

1. Nimm einen Tontopf.

2. Male Walli an, und schneide das Bild aus.

3. Klebe das Bild auf den Tontopf.

4. Male den Tontopf an.

5. Knote eine Perle an ein Stück Band.

6. Befestige ein Streichholz.

7. Fädle das Band durch das Loch.

Vorlage Walli

Walli an der Krippe

Lies und trage ein.

Krippe	Hirte	Stern	Maria	Josef
Esel	Engel	Ochse	Walli	Stall

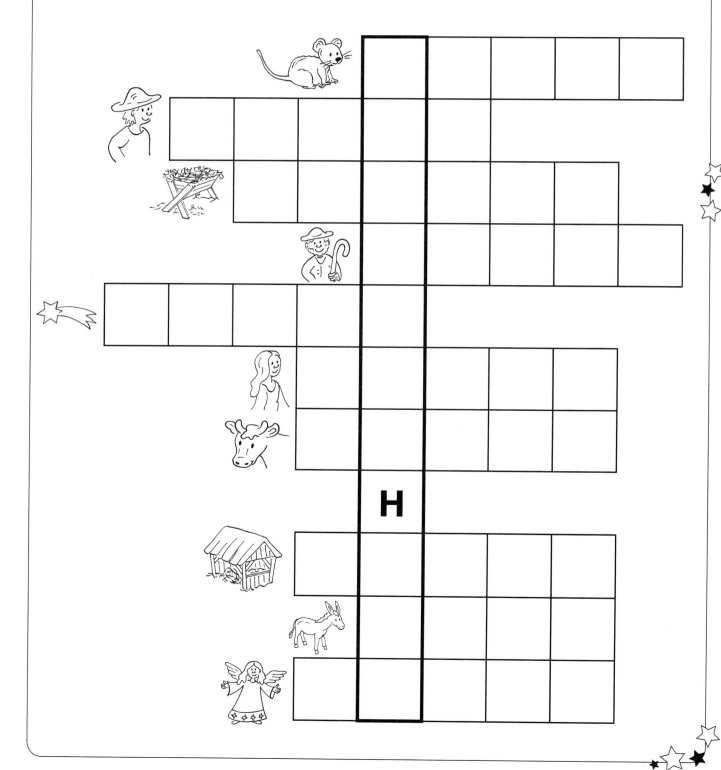

Walli erzählt die Weihnachtsgeschichte

1. Welcher Satz passt?
2. Schneide aus.
3. Klebe auf.

Jesus kommt im Stall zur Welt.	Ein Engel ist bei Maria.
Maria und Josef machen sich auf den Weg.	Alle Häuser sind voll.

Medientipps

Alles zum Thema Weihnachten

Aichele, G.:
Max erforscht Weihnachtsbräuche rund um die Welt.
Vorlesegeschichten mit Zuhörfragen.
6–10 J., Verlag an der Ruhr, 2011.
ISBN 978-3-8346-0869-7

Breuer, K.:
Weihnachts-Hits für Kita-Kids.
Sing, -Tanz- und Aufführungsideen zu ganz
neuen und Alle-Jahre-wieder-Liedern.
3–6 J., Verlag an der Ruhr, 2010.
ISBN 978-3-8346-0721-8

Cremer, C.:
**Adventskalender Quiz –
Weihnachtsbräuche in aller Welt.**
Vorlesen, Zuhören, Nachdenken.
Stolz Verlag, 2007.
ISBN 978-3-89778-367-6

Kurt, A.:
Feste und Feiertage im Kirchenjahr – Klasse 1/2.
Arbeitsmaterialien und Unterrichtsvorschläge.
Verlag an der Ruhr, 2011.
ISBN 978-3-8346-0873-4

Maibaum, S.:
Klasse(n-) Adventsideen für Kurzentschlossene.
2 x 24 Bastel-, Spiel- und Leseangebote.
6–10 J., Verlag an der Ruhr, 2009.
ISBN 978-3-8346-0562-7

Sachbücher

Frattini, S.; Franco, J.-F.; Bonnard, T.:
Die Maus. Meine große Tierbibliothek.
Ab 4 J., Esslinger Verlag, 2010.
ISBN 978-3-480-22715-0

Holtei, C.; Michalski, T.:
Das große Familienbuch der Weltreligionen.
Feste und Bräuche aus der ganzen Welt.
Sauerländer Verlag, 2011.
ISBN 978-3-7941-7315-0

Latorre, S.; Naber, A.:
Nuss. Das kreative Sachbuch.
ALS Verlag, 2009.
ISBN 978-3-89135-160-4

Pascoe, E.:
Tierisch spannend. 6 Sach-Lesehefte.
Ab 6 J., Verlag an der Ruhr, 2010.
ISBN 978-3-8346-0674

Toll, C.; Sokolowski, I.; Wirbeleit, P.:
Die Maus. Ich wünsche mir ein Haustier.
Ab 6 J., Sauerländer Verlag, 2010.
ISBN 978-3-7941-7659-5

Links

www.betzold.de
Bezugsquelle u.a. für Geometriespiegel.

www.schoenherr.de
Bezugsquelle für Spiralbinderücken und Bindemaschinen.

www.blinde-kuh.de
www.helleskoepfchen.de
Die Suchmaschinen für Kinder halten viele Angebote, Spiele,
Infotexte zum Thema „Weihnachten" und „Mäuse" bereit.

www.geo.de/GEOlino/weihnachten/66657.html
Eine informative Seite zum Thema Weihnachten rund um
den Globus.

Die in diesem Werk angegebenen Internetadressen haben wir geprüft (Stand September 2012). Da sich Internetadressen und deren Inhalte schnell verändern können, ist nicht auszuschließen, dass unter einer Adresse inzwischen ein ganz anderer Inhalt angeboten wird. Wir können daher für die angegebenen Internetseiten keine Verantwortung übernehmen.